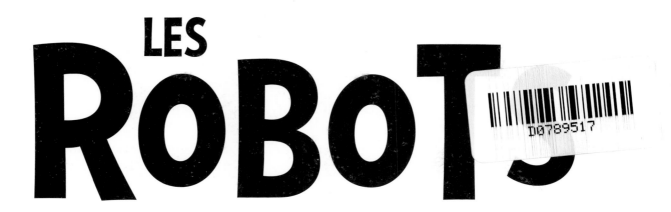

LES ROBOTS

Les rédacteurs de YES Mag

Texte français de Dominique Chichera

Éditions
SCHOLASTIC

Dédicace

Aux jeunes mordus de science grâce à qui les magazines *YES* et *KNOW* connaissent un véritable succès.

Remerciements

Les auteurs tiennent à remercier leurs collègues des magazines *YES* et *KNOW*, Jude Isabella, Shannon Hunt et David Garrison, pour leurs suggestions et leur soutien, ainsi que les personnes suivantes qui ont vérifié l'exactitude des textes : Robert J. Ambrose, NASA Johnson Space Center; David Calkins, Robotics Society of America; Todd Camill; Ron Diftler, NASA Johnson Space Center; Nora Distefano, Intuitive Surgical Inc., Tim Eck; Aaron Edsinger, Human Robotics Group, MIT; Regan Center, Autonomous Undersea Systems Institute; Alicia Jones, American Honda Motor Co. Inc.; James McLurkin, MIT Computer Science and Artificial Intelligence Laboratory; Pamela Mahoney, Mohr Davidow Ventures; Keith Shepherd, Canadian Scientific Submersible Facility; Julie Simard, Canadian Space Agency; Anissa Agah St.Pierre, Coordinator for Women in Computer Science & Engineering, University of Victoria; Nishio Shuichi, Advanced Telecommunication Research Institute; Intelligent Robotics and Communication; Ron Weaver; Guy Webster, NASA Jet Propulsion Laboratory et Marie Williams, SHIFT Communications.

Adrienne Mason, de l'équipe de *YES Mag*, a collaboré à la rédaction de la version anglaise de ce livre.

Conception graphique : Julia Naimska
Illustrations : Howie Woo

Édition publiée par les Éditions Scholastic,
604, rue King Ouest, Toronto (Ontario) M5V 1E1,
avec la permission de Kids Can Press Ltd.

5 4 3 2 1   Imprimé à Singapour   08 09 10 11 12

Crédits pour les photos

Abréviations : h-haut, m-milieu, b-bas, d-droite, g-gauche, c-centre.
Couverture : Inozemtcev Konstantin, Shutterstock. **Page 1** Gracieuseté NASA, **page 4** Gracieuseté Hanson Robotics **Page 5hg et 5b** Blue Sky Studios/Twentieth Century Fox Film Corporation; **page 5 hd** GRACIEUSETÉ DE LUCASFILM LTD. *Star Wars : épisode IV – A New Hope* © 1977 et 1997 Lucasfilm Ltd. & ™. Tous droits réservés. Reproduction autorisée. La reproduction sans autorisation est une violation de la loi applicable. **Page 8** GRACIEUSETÉ DE LUCASFILM LTD. *Star Wars : épisode IV – A New Hope* © 1977 et 1997 Lucasfilm Ltd. & ™. Tous droits réservés. Reproduction autorisée. La reproduction sans autorisation est une violation de la loi applicable. **Page 9** Sean P. Leach, Shutterstock. **Page 10** Chris Hellyar, Shutterstock. **Page 11h** Carnegie Mellon University; **Page 11b** Wowwee. **Page 13h** gracieuseté d'Adept Technology Inc. **Page 13b** gracieuseté de KUKA Schweissanlagen GmbH. **Page 14** gracieuseté de Northrop Grumman Subsidary, Remotec Inc. **Page 15h** Erich Rome. **Page 15b** Foster-Miller Inc. **Page 16** FEMA. **Page 17h, 17c** Inuktun Services Ltd. **Page 17b** gracieuseté de iRobot Corp. **Pages 18b, 18c, 19b et 19c** gracieuseté de Intuitive Surgical Inc. 2007. **Pages 18hd et 19hd** Michelle D. Milliman Shutterstock. **Page 20hg** AETHON. Autres photos de la **page 20** Robotics Systems & Technologies Inc. **Page 21h** THE CANADIAN PRESS/AP/Jeff Chiu, 21h; THE CANADIAN PRESS/AP/Caleb Jones. **Page 22** Canadian Scientific Submersible Facility. **Page 23h** Tom Kleindinst, Woods Hole Oceanographic Institution. **Page 23b** The autonomous Undersea System Institute. **Page 24** NASA/JPL-Caltech. **Page 25** NASA. **Page 26** American Honda Motor Co. Inc. **Page 27h** Delft University of Technology. **Page 27b** Garth Zeglin, 1991. **Page 27d** A. Herzog, gracieuseté de Biologically Inspired Robotics Group, EPFL. **Page 28g** Osaka University and Kokoro Co. Ltd. **Page 28d** ATR Intelligent Robotics and Communication Laboratories. **Page 29** Todd Camill/Entertainment Technologue Center/Carnegie Mellon University. **Pages 30g, 30h, 31hg** gracieuseté de iRobot Corp. **Page 30bd** Friendly Robotics, **Page 30bg** gracieuseté du Dr Haipeng Xie et www.drrobot.com. **Page 31hd** gracieuseté de Mitsubishi Heavy Industries; RoboGames. **Page 33h** 2007 *FIRST* LEGO® League World Festival/photo de P,R, Hicks. **Pages 33c et 33b** gracieuseté de K-Team/www.k-team.com. **Page 34hd** Perspective Branding. **Page 34b** Mack Frage Design. **Page 35h** Wowwee, OMRON Corp. **Page 35b** Dr Takanori Shibata/AIST. **Page 36** Stanford Racing Team. **Page 37 :** Inozemtcev Konstantin, Shutterstock. **Pages 38 et 39h** Aaron Edsinger. **Page 39b** Zach & Kim DeBord, **Pages 40, 41** Peter Menzel/Science Photo Library. **Page 42g** Shutterstock. **Page 42d** Benson Limketkai/SRI International. **Page 43g** Philip Greenspun. **Page 45** iCube Solutions. **Page 46** Chris Harvey Shutterstock.

Catalogage avant publication de Bibliothèque et Archives Canada

Les robots : du plus simple au plus sensationnel / rédigé par les éditeurs de Yes mag; illustrations de Howie Woo; texte français de Dominique Chichera.

Traduction de : Robots.
Comprend un index.
Niveau d'intérêt selon l'âge: Pour enfants de 8 ans et plus.
ISBN 978-0-545-99149-0

1. Robots--Ouvrages pour la jeunesse. 2. Androïdes--Ouvrages pour la jeunesse. I. Woo, Howie II. Chichera, Dominique

TJ211.2.R5914 2008   j629.8'92   C2008-900693-3

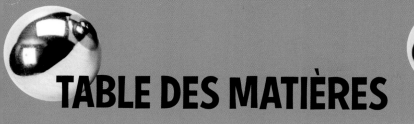

TABLE DES MATIÈRES

LE MONDE DES ROBOTS

Le visage d'un des plus grands scientifiques que le monde ait connus, le physicien Albert Einstein, vit sur ce robot appelé Albert Hubo. Le cerveau d'Albert est un ordinateur et ses yeux sont des caméras, mais sa peau criante de réalisme, ses mouvements semblables à ceux des humains et sa capacité à soutenir une conversation peuvent vous faire oublier que vous parlez à un robot.

Il existe peu de robots comme Albert… pour le moment. Mais il existe dans notre monde bien d'autres robots qui travaillent. Les robots rendent service dans les hôpitaux et surveillent les immeubles pendant la nuit. Ils pulvérisent de la peinture sur les voitures et tondent les moutons. Ils jouent au soccer et aux échecs. Ils descendent dans les cratères des volcans, examinent les fonds marins et explorent la surface de Mars.

Albert Hubo

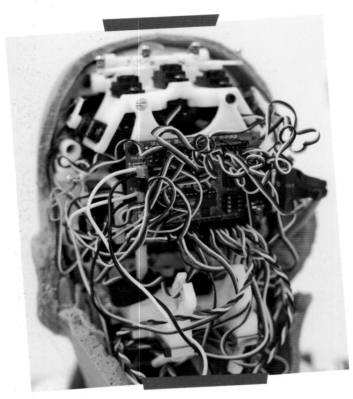

Le « cerveau » d'Albert Hubo contient 31 petits moteurs.

Il n'y a pas si longtemps, les robots tenaient plus de la science-fiction que de la réalité. Mais à présent, ils font partie de nos vies, même si nous n'en sommes pas toujours conscients. Et les progrès dans le secteur de l'informatique et des autres technologies sont autant de nouvelles portes ouvertes pour les roboticiens (les personnes qui conçoivent les robots). Lorsque tu auras des petits-enfants, les robots seront peut-être aussi courants que les ordinateurs, et certainement plus utiles.

Ceux que nous connaissons et que nous aimons

Si les célèbres robots que tu vois dans les films sont l'idée que tu te fais d'un robot, tu vas être surpris. Très peu de robots sont capables de faire ce que font ces vedettes de l'écran.

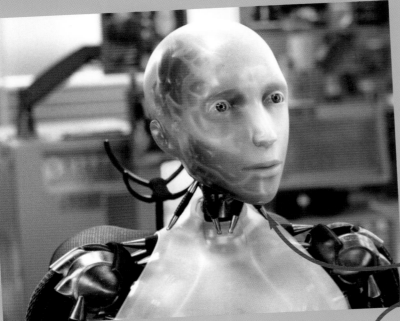

R2-D2 de La Guerre des étoiles.

Sonny, du film Robots.

Rodney, Fender et les autres robots du film d'animation Robots.

DES ENGRENAGES EN BOIS AUX ROBOTS

As-tu déjà voulu un robot qui pourrait se charger de tes tâches? Eh bien, tu n'es pas le seul! Depuis des siècles, les gens ont imaginé et inventé des machines s'apparentant à des robots pour se faciliter la vie. Certains en ont également bricolé uniquement pour leur plaisir. Toutes ces expérimentations et ces inventions ont mené à des choses de plus en plus grosses et de plus en plus évoluées, les robots d'aujourd'hui.

Vers la fin des années 1400, l'artiste et inventeur Léonard de Vinci construisit un lion mécanique. Il dessina également les plans d'un « chevalier-robot », animé par des poulies, des disques et des engrenages en bois.

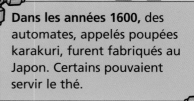

Dans les années 1600, des automates, appelés poupées karakuri, furent fabriqués au Japon. Certains pouvaient servir le thé.

En 1738, l'inventeur français Jacques de Vaucanson fabriqua un joueur de flûte de la taille d'un être humain qui jouait 12 airs de musique différents. Il créa aussi un canard mécanique qui battait des ailes, s'assoyait, mangeait des graines et déféquait.

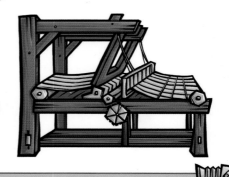

En 1774, le mécanicien suisse Pierre Jacquet-Droz et son fils construisirent un garçonnet mécanique qui trempait la pointe de sa plume dans un encrier et écrivait des textes courts.

À la fin des années 1700 et au début des années 1800, Jacques de Vaucanson et Joseph Jacquard conçurent des métiers à tisser qui utilisaient des cartes perforées pour déterminer le motif tissé dans les étoffes. Edmond Cartwright inventa un métier à tisser à vapeur. À partir de ces inventions, les métiers à tisser automatisés ont vu le jour : les premiers robots d'usine au monde.

En 1898, Nikola Tesla fit la démonstration d'un bateau de la taille d'une baignoire, dirigé à distance par une télécommande. C'était le tout premier véhicule téléguidé. De nos jours, beaucoup de robots sont télécommandés.

En 1946, les Américains, John P. Eckert, Jr. et John Mauchly construisirent le premier ordinateur opérationnel au monde. ENIAC avait les dimensions d'un wagon et utilisait 18 000 tubes à vide. C'est l'arrière-grand-père des ordinateurs miniatures qui contrôleront un jour les robots.

En 1890, le mathématicien américain Herman Hollerith mit au point une calculatrice qui effectuait des calculs à l'aide de cartes perforées. Ces cartes perforées, élément important de la robotique moderne, sont à l'origine des premiers ordinateurs.

En 1948, des transistors miniatures remplacèrent les tubes à vide. La miniaturisation des transistors et d'autres éléments électroniques permettra d'équiper les robots de « cerveaux » informatiques.

En 1948, William Grey Walter fabriqua le premier robot capable de prendre ses propres décisions. Il l'appella « Machina speculatrix » (la machine qui observe), mais elle était plus connue sous le nom de « tortue ». Quand ses capteurs détectaient une source de lumière, la tortue se dirigeait vers celle-ci.

En 1954, les Américains George Devol et Joseph Engelberger installèrent Unimate, un bras mécanique, dans une usine d'assemblage d'automobiles. Ce robot de 1 800 kg (4 000 livres) changea à tout jamais le visage des chaînes de montage.

En 1969, des scientifiques de l'Institut de recherche de Stanford en Californie mirent la touche finale à Shakey, un robot mobile qui pouvait « penser » et réagir en fonction de son environnement. Le robot vacillant qui se déplaçait sur des roues pouvait localiser des objets et éviter les obstacles dans une pièce. Les robots sont en mouvement!

RoBoTs 101

Le robot R2-D2 est certainement le plus charmant amas de métal à avoir crevé l'écran. Ce phénomène mécanique est apparu dans la saga *La guerre des étoiles* où il est le gentil acolyte de C-3PO, un humanoïde en or brillant qui marche, parle et raisonne.

Les véritables robots ne ressemblent pas aux robots de cinéma. Avant tout, ils n'ont pas d'émotions. Mais, les robots ne sont pas non plus de simples machines ou des ordinateurs. Les véritables robots se situent quelque part entre les deux.

Les robots sont différents des machines, parce qu'un robot peut être programmé pour remplir des tâches, et des ordinateurs, parce qu'ils ont des parties mobiles. Les roboticiens ont coutume de dire qu'un robot est une machine qui peut être programmée pour effectuer un certain travail, puis reprogrammée pour effectuer un travail différent. La plupart des robots peuvent se mouvoir et remplir des tâches sans aide humaine. Mais certains robots, appelés télérobots, sont commandés à distance par les humains, au moins pendant une partie du temps.

Les robots font des choses comme les êtres humains. Ils sont particulièrement efficaces pour remplir des tâches répétitives, dangereuses, salissantes ou devant être exécutées à distance. Ils ne sont pas gênés par la chaleur ou le froid, le bruit ou les fumées toxiques, toutes les choses qui peuvent causer des problèmes aux humains. Et les robots ne connaissent pas de baisse d'attention, n'ont pas la notion de la monotonie et n'ont pas besoin de pause pour aller aux toilettes!

*C-3PO (à gauche)
et R2-D2 (à droite).*

ORIGINE DU MOT « ROBOT »

Le mot « robot » vient du tchèque « roboto » qui signifie travail forcé ou servage. Il a été utilisé pour la première fois en 1921 par l'écrivain Karel Capek dans la pièce de théâtre *R.U.R.* (Rossum's Universal Robots). Dans cette pièce, les robots ressentent des émotions. Ils se révoltent, éliminent les êtres humains et créent leur propre société.

En 1942, l'écrivain et scientifique américain Isaac Asimov a écrit une histoire intitulée *Runaround* dans laquelle il a établi trois lois pour régir le comportement des robots :

Loi 1 : Un robot ne peut pas faire de mal à un être humain.

Loi 2 : Un robot doit obéir aux ordres donnés par les êtres humains, excepté quand ces ordres entrent en conflit avec la première loi.

Loi 3 : Un robot doit protéger sa propre existence aussi longtemps que ceci n'entre pas en conflit avec les première et deuxième lois.

Un robot peut-il le faire?

Les êtres humains peuvent faire toutes ces choses. Mais, les robots peuvent-ils…

a. nouer des lacets?
b. jouer aux échecs?
c. taper sur les touches d'un clavier?
d. jouer du piano?
e. danser?
f. se servir d'un pinceau?

g. ouvrir une serrure avec une clé?

h. faire un saut périlleux?
i. tourner les pages d'un livre?
j. donner un coup de pied dans un ballon de soccer?
k. ramasser une pièce de monnaie sur le sol?

Réponses à la page 47.

ROBOTS DE PRÈS

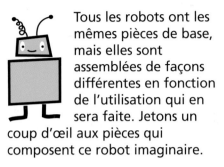 Tous les robots ont les mêmes pièces de base, mais elles sont assemblées de façons différentes en fonction de l'utilisation qui en sera faite. Jetons un coup d'œil aux pièces qui composent ce robot imaginaire.

Le cerveau

La plupart des robots sont équipés d'ordinateurs qui leur servent de cerveaux. L'ordinateur envoie des instructions précises au robot pour lui dire ce qu'il doit faire et comment il doit le faire. Les ordinateurs sont en général disposés à l'intérieur du corps du robot. Certains robots sont contrôlés à distance par les êtres humains, ce qui explique que ces robots n'ont pas de cerveau.

La miniaturisation des puces en silicone a rendu possible la fabrication des robots modernes. Les puces contiennent énormément de renseignements et permettent aux ordinateurs d'être très petits, rapides et très puissants.

La puissance

Le bloc d'alimentation du robot fournit l'énergie dont il a besoin pour fonctionner. Les robots sont, en général, alimentés par des batteries ou par des panneaux solaires. Certains sont aussi actionnés par la force éolienne.

Les yeux, les oreilles, le nez et la peau

Des caméras et des capteurs tactiles, thermiques, chimiques et de luminosité fournissent de l'information au robot. Beaucoup de robots mobiles utilisent des caméras pour les aider à se déplacer et pour détecter ou éviter les obstacles.

Un bras

Certains robots ne sont rien d'autre qu'un énorme bras. Les bras robotiques sont largement utilisés dans les usines, les laboratoires et sur les robots mobiles. Les bras robotiques ressemblent aux bras des êtres humains et sont dotés d'articulations à l'épaule, au coude et au poignet. L' « organe terminal » (main) peut être équipé de différents accessoires, tels qu'un chalumeau ou un tuyau d'arrosage.

Assemble-les et tu obtiendras ...

La plupart des robots sont constitués des mêmes pièces de base, mais assemblés de façons différentes, ce qui leur donne des allures très variées. Ce panda est un robot conçu pour plaire aux enfants. Il possède une série de capteurs pour interagir avec ses amis humains. (Pour plus de détails, regarde à la page 35.) NOMAD (ci-dessous) ressemble plus à une voiture qu'à un

robot. Il a été construit pour se déplacer sur la glace et la neige en Antarctique. Il fonctionne à l'énergie solaire et à l'énergie éolienne.

Les muscles

Un moteur connecté à des câbles ou à des engrenages actionne les roues, les jambes ou les bras mécaniques. Les robots semblables aux humains sont munis de douzaines de petits moteurs qui contrôlent les mouvements du visage et du cou et les rendent plus vraisemblables.

ROBOTS AU TRAVAIL

Prendre un chocolat, le mettre dans une boîte. Prendre un chocolat, le mettre dans une boîte. Prendre un chocolat, le mettre dans une boîte… C'est assez! Tu comprends l'idée.

Les tâches dans les manufactures, même dans les chocolateries, sont parfois ennuyeuses et répétitives.

Certaines tâches ne sont pas seulement ennuyeuses, elles peuvent aussi être dangereuses, car elles se déroulent dans un environnement où se trouvent d'énormes machines lourdes et bruyantes, des transporteurs à courroies qui ne s'arrêtent jamais et des chalumeaux qui projettent des étincelles. C'est là qu'interviennent les robots.

La plupart des robots travaillent dans les usines. Ils ont remplacé les êtres humains et travaillent 24 heures sur 24, 7 jours sur 7, à assembler des voitures, des appareils, des équipements électroniques et des jouets. Ils travaillent aussi dans les laboratoires et les usines de papier et d'embouteillage. On en trouve partout où il faut soulever, boulonner, souder, sabler, plier, estamper, emballer ou peindre

sans relâche. Les robots permettent aux usines de produire plus en moins de temps.

La plupart des robots industriels ont de grands bras robotiques, munis de nombreuses articulations, qui sont programmés pour effectuer une tâche spécifique. Il est possible de les reprogrammer et de changer leurs accessoires pour effectuer une autre tâche. Par exemple, un pistolet à peinture peut être remplacé par une perceuse.

Les ingénieurs déterminent les fonctions des robots. Ils utilisent des ordinateurs de modélisation 3D pour que les actions des robots se déroulent de façon sécuritaire.

Puis, les ingénieurs mettent au point un logiciel et le téléchargent dans le « cerveau » informatisé du robot.

Le robot industriel Adept Quattro (à droite), doté de quatre bras, est un spécialiste de l'emballage à grande vitesse. Il n'est jamais lassé et peut emballer des articles minuscules jour après jour, sans en endommager ou en laisser tomber un seul.

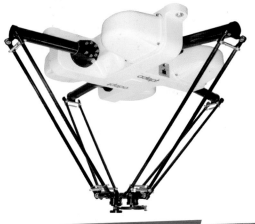

Les robots sont utilisés par les constructeurs de voitures pour effectuer de nombreuses tâches. Le gros bras orange que tu peux voir ci-dessous assemble, soude et peint les différentes parties d'une carrosserie automobile. Une usine de fabrication de voitures peut comprendre plus de 900 robots.

ROBOTS EN ZONES DANGEREUSES

Voici un appel téléphonique qu'aucun poste de police ne veut recevoir. Quelqu'un a placé une bombe sur une voie ferrée. La zone est évacuée, mais la bombe doit encore être localisée et désamorcée. L'escouade anti-bombes est alertée. L'équipe est composée d'experts en bombe et d'un robot. Un contrôleur dirige le robot qui doit trouver et désamorcer la bombe à l'aide d'une caméra vidéo. Ouf! Tout danger est écarté.

Les robots sont utilisés dans des situations trop dangereuses pour des êtres humains. La plupart du temps, ces « robots désamorceurs de bombes » sont commandés à distance par un opérateur. Les robots recueillent de l'information par l'intermédiaire d'une variété de capteurs. Ils peuvent utiliser des caméras vidéo pour inspecter la scène ou même des capteurs qui peuvent « sentir » des produits chimiques dangereux, des radiations ou des explosifs. Et certains, comme le Mini-Andros, jouent réellement avec leur « vie ».

Le Mini-Andros (ci-dessous) est un robot désamorceur de bombes. Il ressemble à un tank et est assez petit pour se glisser dans le coffre d'une voiture.

Le Mini-Andros est équipé de trois caméras vidéo disposées sur ses bras mobiles. Il est également muni d'un microphone et d'un haut-parleur pour pouvoir « parler » (par l'intermédiaire de son opérateur) aux êtres humains qu'il pourrait rencontrer.

Deux chenilles mobiles peuvent être étirées de façon à ce qu'il puisse monter les escaliers et même traverser des petits fossés. En resserrant ses chenilles, le Mini-Andros peut manœuvrer dans des espaces restreints.

Différents outils peuvent être adaptés aux bras du Mini-Andros pour qu'il puisse briser des vitres, voir dans l'obscurité, projeter de l'eau sur une bombe ou même saisir une bombe et la placer dans une boîte à l'épreuve des bombes.

Les robots téméraires

Aucun volontaire pour inspecter une canalisation d'égout? Envoyez MAKRO! La saleté et les mauvaises odeurs ne le préoccupent nullement.

MAKRO suit le plan du système d'égout enregistré dans son cerveau informatisé. Tout en rampant à travers les canalisations, il recueille de l'information, y compris des vidéos sur l'état des égouts. D'une longueur de 2 mètres, MAKRO est fait de plusieurs segments et ressemble un peu à une chenille. Sa forme l'aide à se faufiler dans les coins et sur les saillies.

MAKRO

Dans la zone dangereuse

En 1986, un accident survenu à la centrale nucléaire de Tchernobyl, en Ukraine, a libéré dans l'atmosphère une quantité exceptionnelle de radioactivité, ce qui a contaminé la région et l'a rendue dangereuse pour les êtres humains.

Si cette catastrophe se produisait aujourd'hui, TALON pourrait être envoyé en patrouille de reconnaissance dans la région. Ce robuste robot supporte des températures extrêmes et même d'être immergé dans l'eau. Il monte des escaliers et se relève s'il tombe. Ses capteurs ont la capacité de détecter la présence de gaz dangereux, d'explosifs, de radiations et de produits chimiques dangereux.

Les robots comme TALON permettent aux humains d'inspecter un site sans exposer les sauveteurs aux dangers. Les renseignements recueillis par ces robots spécialisés en bombes aident les humains à composer avec des désastres environnementaux.

TALON

Les robots à la rescousse

Le matin du 11 septembre 2001, deux avions percutèrent le World Trade Center de New York, provoquant l'effondrement des deux tours de bureaux. Dès qu'elle entendit la nouvelle, Robin Murphy voulut apporter son aide.

Robin Murphy est responsable d'une « équipe de sauvetage » formée de sept robots, unique au monde. Elle dirige le Center for Robot Assisted Search and Rescue de Floride.

Elle savait qu'effectuer des recherches parmi des ruines pouvait être dangereux pour les sauveteurs et les chiens. Elle savait également que son équipe de minirobots de recherches et de sauvetage pouvait être d'une aide précieuse.

Robin Murphy entra dans l'action. Elle contacta les membres de son équipe, mit les minirobots dans sa fourgonnette et effectua le trajet de la Floride jusqu'à New York sans s'arrêter.

L'équipe arriva à New York tôt le matin du 12 septembre 2001. Dans une atmosphère tendue et chargée d'émotions, Robin Murphy et son équipe durent convaincre les autorités de les laisser pénétrer dans la zone sinistrée. Quand la permission lui fut enfin accordée, elle déploya ses robots dans les décombres. Ce fut la première fois que des robots furent utilisés pour la recherche urbaine et le sauvetage.

Même si les robots n'ont trouvé aucun survivant, leurs 11 jours de recherche ont permis de transmettre beaucoup de données très utiles aux sauveteurs. L'équipe de Robin Murphy a également démontré que les êtres humains et les robots peuvent s'unir pour aider les survivants et les sauveteurs.

Les robots sont très précieux pour une équipe de recherches et de sauvetage car ils peuvent pénétrer plus profondément dans

les décombres que les sauveteurs ou les chiens. Ils peuvent également entrer dans des endroits où on n'enverrait jamais une personne, des endroits qui menacent de s'effondrer ou remplis de fumée, de poussière, d'eau ou de produits chimiques dangereux.

Des robots ont fait partie de l'équipe de sauvetage lors de la chute des deux tours du World Trade Center à New York, le 11 septembre 2001.

Les robots héroïques

Au World Trade Center, Robin Murphy a utilisé le VGTV commandé à distance. Ce robot de conception canadienne a environ la taille d'une boîte de chaussures et agit comme s'il était les yeux et les oreilles des secouristes. Des microphones installés sur le robot sont à l'affût des sons, tels que des voix humaines, et des caméras thermiques captent la chaleur des corps humains.

VGTV

Des robots miniatures, Microtrac, ont également été déployés au World Trade Center. Ces robots sont certes minuscules; ils peuvent facilement tenir dans la main, mais ils sont aussi très robustes. Ils se déplacent à l'aide d'une chenille unique très robuste et s'adaptent parfaitement aux endroits confinés, incluant les canalisations et les décombres. Les Microtrac peuvent opérer sur terre aussi bien que sous l'eau.

Microtrac

Robin Murphy a utilisé un iRobot PackBot dans les immeubles voisins qui ont été endommagés quand les tours se sont effondrées. Les PackBots sont assez petits pour être transportés facilement dans un sac à dos et utilisés dans toutes sortes d'endroits, y compris les zones de guerre. Ce PackBot très robuste et à gros crampons s'adapte parfaitement aux terrains accidentés. Il peut être lancé à l'intérieur d'un immeuble, si nécessaire. S'il se renverse, un PackBot peut se relever.

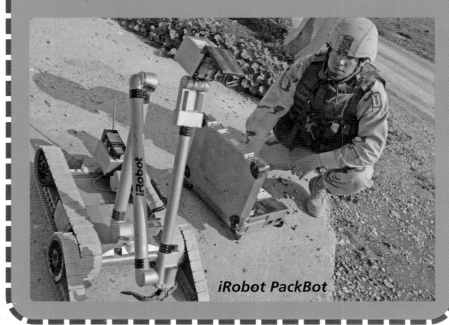

iRobot PackBot

ROBOTS ET MÉDECINS

Te voici sur la table d'opération. Un médecin est sur le point de t'administrer un anesthésique qui t'enverra au pays des rêves. Du coin de l'œil, tu aperçois le chirurgien de l'autre côté de la salle. Il est penché sur une console et joue avec les commandes. Des jeux vidéo dans une salle d'opération? Ne panique pas. Ce chirurgien se prépare pour l'opération. Son assistant? Un robot muni de quatre bras.

De l'autre bout de la salle, le médecin guide le robot chirurgical. Dans ta stupeur somnolente, tu entends un bourdonnement et vois un bras robotique approcher un minuscule scalpel vers toi. Un autre bras muni d'une caméra plane non loin de là. Est-ce un rêve? Un film de science-fiction? Pas du tout, c'est bien réel. Les robots chirurgicaux s'apprêtent à faire leur apparition dans les blocs opératoires un peu partout dans le monde.

Un de ces robots chirurgicaux est le Système chirurgical da Vinci (voir ci-dessous). Avec de minuscules instruments chirurgicaux adaptés aux bras robotiques et un système de vision 3D de haute performance, ce robot peut effectuer des mouvements très précis qu'un être humain aurait de la difficulté à réaliser.

L'utilisation du système chirurgical da Vinci ou d'autres robots chirurgicaux sont aussi bénéfiques pour le patient. Dans ce cas, les incisions sont minuscules, environ le diamètre d'un stylo seulement. De plus, les patients perdent moins de sang, ressentent moins de douleur et retournent à la maison dans un délai plus court.

Le « poignet » articulé du Système chirurgical da Vinci peut effectuer beaucoup plus de mouvements qu'un poignet d'être humain.

Le docteur est absent

En 2001, des chirurgiens de New York ont utilisé un robot télécommandé pour extraire la vésicule biliaire d'une femme qui se trouvait en France, à 4 800 km. Grâce à cette nouvelle technologie robotique, les chirurgiens peuvent participer à des interventions chirurgicales qui se déroulent au loin, sans se déplacer, ce qui permet de pratiquer des opérations sur des personnes vivant dans des endroits difficiles d'accès, comme les champs de bataille, les pays en voie de développement ou même la Station orbitale internationale.

Des « Nanobots »

Imagine un robot voyageant à l'intérieur de ton corps. Les scientifiques étudient cette possibilité avec les « nanobots », des robots microscopiques munis de jambes qui pourraient un jour parcourir les différentes parties d'un corps humain en suivant les instructions du médecin. À l'aide d'une caméra, le robot enverrait au médecin les images des organes internes du patient. Qui sait… dans les hôpitaux du futur, tu pourras peut-être avaler un robot microscopique ou on pourrait t'en injecter un avec une aiguille pour administrer les médicaments ou débloquer les vaisseaux sanguins.

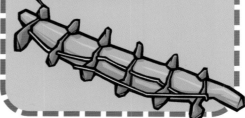

Système chirurgical da Vinci

Les assistants médicaux

Tu es dans l'ascenseur d'un hôpital, serrant contre toi une boîte de chocolats pour Tante Rose. Quand l'ascenseur s'arrête à l'étage où tu te rends, un chariot

TUG

abandonné à l'arrière de la cabine dit « En attente de procédure ». Étonné, tu fais un pas de côté et observe le chariot sortir de l'ascenseur, rouler le long du couloir et tourner à droite avant de disparaître.

Tu as partagé l'ascenseur avec TUG, un messager robotique utilisé dans les hôpitaux pour distribuer les médicaments, les plateaux-repas, les radiographies, les fournitures médicales, les prélèvements de laboratoire et plus. En émettant des signaux radio sans fil, il peut ouvrir les portes et faire fonctionner un ascenseur. TUG communique par signaux lumineux clignotants et peut même dire quelques phrases, telles que « votre livraison est arrivée ».

TUG n'est qu'un des nombreux robots utilisés dans le milieu médical comme assistants et même enseignants. Voici quelques autres assistants médicaux.

Pénélope (enveloppée dans du plastique)

Les deux caméras permettent à Pénélope de contrôler ses instruments. Ce robot saisit les instruments à l'aide d'une « main » magnétique.

Scalpel, s'il vous plaît!

Pénélope (ci-dessous) est infirmière dans un bloc opératoire. Ce robot peut comprendre les ordres donnés vocalement et donner les instruments ou les reprendre selon les instructions du chirurgien. En se chargeant de cette partie du travail, Pénélope laisse plus de temps aux autres infirmières humaines pour prendre soin des patients.

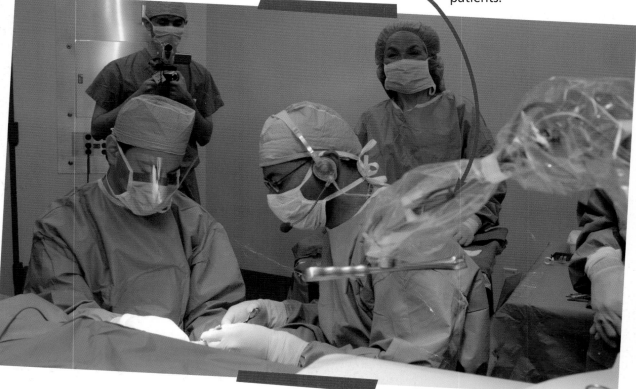

Le robot future maman

Noëlle, le robot qui porte un enfant, permet aux étudiants de s'entraîner à assister les femmes qui accouchent. Elle peut être programmée pour que chaque accouchement se passe de façon différente. Elle peut avoir un accouchement difficile après une journée complète de travail et, la fois suivante, un accouchement rapide et imprévu. Elle aide les étudiants à développer leurs habiletés avant de commencer à assister des patientes et leur bébé.

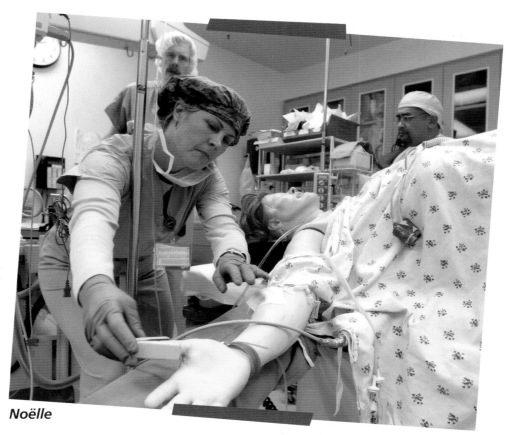

Noëlle

Les membres bioniques

Claudia Mitchell a perdu un bras dans un accident de moto. Aujourd'hui, elle a une prothèse qu'elle peut contrôler par la pensée. Quand elle pense « ferme la main », c'est précisément ce qui se produit.

Le bras bionique de Claudia Mitchell est révolutionnaire. Jusqu'à tout récemment, les amputés portaient des prothèses (bras ou jambes artificielles) avec un contrôle limité et une mobilité réduite. Les nouvelles technologies robotiques ont permis de créer des membres artificiels proches des membres réels.

Dans le cas de Claudia Mitchell, les médecins ont redirigé les terminaisons nerveuses qui ont un jour relié son cerveau à son bras vers les muscles de sa poitrine. Maintenant, quand Claudia pense « plie le coude », les capteurs de son bras robotique détectent le mouvement dans les muscles pectoraux et transmettent la commande à une puce électronique située dans son bras. Les capteurs répondent et le bras bionique plie le coude. Six petits moteurs contrôlent le bras.

Claudia Mitchell est capable de saisir des petits objets, tels que des bouteilles de jus de fruits et peut aussi détecter le chaud et le froid. Le bras bionique, même s'il est encore au stade expérimental et coûte très cher, constitue une avancée importante dans la création de prothèses robotiques.

ROBOTS EXPLORATEURS

Pour explorer notre planète et l'univers, les explorateurs doivent être prêts à prendre des risques. Mais certaines situations sont tout simplement trop risquées pour des aventuriers humains. C'est là que les robots interviennent. Ils peuvent bravement se rendre là où les humains aimeraient aller, sans le pouvoir.

Rien n'effraie les robots, ni les conditions extrêmes des planètes éloignées, ni la lave en fusion d'un volcan en éruption, ni la forte pression des fonds marins.

Toujours plus profond!

ROPOS est un robot sous-marin qui a participé à de nombreuses expéditions scientifiques. Il prend des photographies et des vidéos, teste la température de l'eau, détecte les agents chimiques et collecte des échantillons de substances vivantes dans sa « boîte bio » pour les rapporter aux scientifiques impatients qui se trouvent sur le bateau-mère.

ROPOS est un des nombreux véhicules télécommandés (ROV – Remotely Operated Vehicles) qui travaillent sous les océans. Certains installent des câbles sous-marins et des pipelines, d'autres surveillent les plateformes pétrolières, recueillent des échantillons et des données pour les scientifiques et aident à détecter et à désamorcer des mines sous-marines potentiellement dangereuses. Les ROV sont commandés par des opérateurs, restés à la surface, qui guident les bras manipulateurs et les instruments de l'appareil.

ROPOS

Entièrement autonome

SeaBED est un véhicule sous-marin autonome (AUV – Autonomous Underwater Vehicle) qui peut naviguer en toute autonomie et est commandé par des capteurs et des ordinateurs qui se trouvent à son bord. Il a dressé la carte des fonds marins et a exploré les cheminées hydrothermales où l'eau en ébullition dégage des bulles sur les fonds marins.

Récemment, SeaBED a été utilisé pour rechercher des épaves dans la mer Égée par l'équipe de Woods Hole Oceanographic Institution qui l'a conçu.

SeaBED

SAUVII

Un nageur alimenté à l'énergie solaire

La plupart des AUV sont alimentés par des batteries. Quand les batteries sont vides, ils ne fonctionnent plus. Mais, cet AUV est alimenté à l'énergie solaire, alors on l'appelle SAUV. Il peut poursuivre ses explorations aussi longtemps qu'il y a du soleil. Il stocke également de l'énergie dans sa batterie, ce qui lui permet de travailler dans l'obscurité.

Cet AUV est utilisé pour surveiller les changements chimiques ou biologiques qui surviennent dans les lacs et les rivières. Un de ses capteurs peut détecter les substances chimiques toxiques et suivre la traînée chimique jusqu'à sa source.

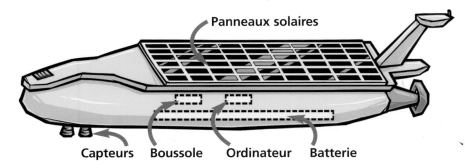

Panneaux solaires

Capteurs   Boussole   Ordinateur   Batterie

ROBOTS DE L'ESPACE

Les humains ne sont jamais allés plus loin que la Lune et il semble que cette situation restera ainsi. Voyager dans l'espace est vraiment trop dangereux. Mais pas pour les robots. Ils peuvent se rendre dans des endroits très éloignés où les êtres humains risqueraient d'être gelés, brûlés, écrasés ou empoisonnés.

Le robot présenté ci-dessous, s'appelle Spirit. Spirit et son jumeau Opportunity, agissent comme les assistants martiens mobiles des scientifiques. Ils explorent la planète Mars depuis janvier 2004. Ils prennent des photographies et analysent des échantillons de sol et de rochers.

Ainsi ils aident à déterminer s'il y a déjà eu de l'eau à l'état liquide sur Mars. Les robots ont trouvé des signes prouvant qu'il y a eu de l'eau sur Mars il y a très longtemps. Il est donc fort possible qu'il y ait eu de la vie (au moins de minuscules microbes martiens) sur la planète Rouge.

Les scientifiques envoient leurs instructions aux robots depuis la Terre. Étant donné qu'il y a un certain délai entre le moment où le signal est envoyé et celui où il est reçu, les robots doivent parfois prendre leurs propres décisions. Par exemple, le contrôleur peut

donner l'ordre à Spirit de se rendre vers un certain rocher, de prendre une photographie et de la transmettre à la Terre. En se dirigeant vers le rocher, Spirit se sert de ses caméras et de son cerveau informatisé pour déterminer la façon de contourner les obstacles. S'il ne peut remplir sa mission, Spirit prévient les contrôleurs sur Terre et attend de nouvelles instructions.

Spirit et Opportunity ont fourni aux scientifiques beaucoup plus d'information qu'ils ne l'espéraient. Ces robots étaient censés être opérationnels pendant seulement trois mois. Or, en date de janvier 2008, ils continuaient à envoyer des données depuis plus de quatre ans.

Robonaut

Robonaut est un robot-astronaute qui pourrait un jour travailler aux côtés des astronautes dans l'espace. Robonaut a des bras, des mains et des doigts très sensibles qui peuvent recueillir de l'information sur la température, la pression et la position. Il sera télécommandé par un astronaute depuis l'intérieur de la Station orbitale internationale (ISS) ou depuis la Terre. Le téléopérateur porte un casque et des gants, reliés en circuit réseau pour enregistrer ses mouvements. Cette information est transmise au Robonaut, qui peut alors reproduire les mêmes mouvements.

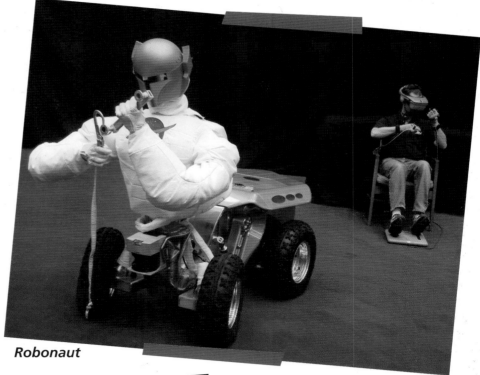

Robonaut

Le bras canadien

Le Canadarm2, d'une longueur de 17 mètres, est un bras robotique géant conçu pour aider les astronautes à transporter des cargaisons dans l'espace et à réparer la Station orbitale internationale (ISS). Le premier bras canadien a commencé à voyager sur les navettes spatiales en 1981. Vingt ans plus tard, Canadarm2 a été installé sur la Station orbitale ISS. Qu'arrivera-t-il ensuite? Dextre, un robot muni de deux bras capables d'utiliser des outils plus petits et plus précis.

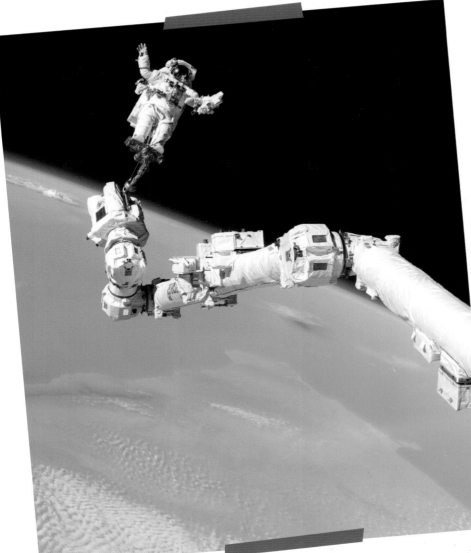

Canadarm2

À NOTRE IMAGE : LES DROÏDES

Dans la salle de restaurant d'un palais de Prague en République tchèque, un robot de la taille d'un enfant accueille le premier ministre tchèque et lui serre la main.

Pour ce dîner diplomatique, le premier ministre japonais est venu accompagné d'un compagnon très inhabituel, le robot ASIMO.

ASIMO (Advanced Step in Innovative MObility) est un des robots humanoïdes (semblables aux êtres humains) les plus évolués au monde. Il peut marcher (en avant, en arrière et sur les côtés), monter les escaliers, courir, ouvrir les portes, porter des objets légers et oui, se tenir en équilibre sur une jambe tout en donnant un coup de pied dans un ballon de soccer.

Les yeux d'ASIMO sont des caméras, ce qui lui permet de se déplacer et même de reconnaître des personnes (et si ces personnes sont enregistrées dans sa base de données, ASIMO les appelle par leur nom!).

ASIMO a été conçu par les chercheurs de la compagnie Honda. Ils ont déjà fait jouer à ce robot haut comme trois pommes le rôle de porte-parole. Il accueille également les visiteurs dans un des bureaux de la compagnie, les accompagne jusqu'à la salle de réunion et peut distribuer le courrier ou servir des sandwiches. Les scientifiques de la compagnie Honda ont mis plus de vingt ans pour développer ASIMO. Il fut le premier robot à marcher lentement à la façon des êtres humains. Sa motricité fluide est contrôlée par 34 moteurs.

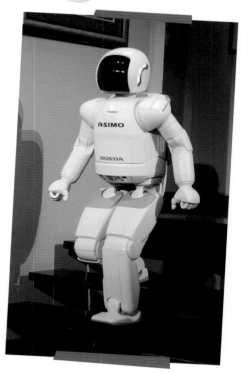

ASIMO est alimenté par une batterie située dans son corps qui doit être rechargée après environ une heure d'utilisation. Les puissants ordinateurs indispensables pour diriger les mouvements d'ASIMO sont logés dans son sac à dos. ASIMO et les autres robots humanoïdes sont conçus pour aider les humains, tant au bureau qu'à la maison. Dans le futur, ces robots pourront être réceptionnistes, gardiens de sécurité, amuseurs, livreurs, guides touristiques et préposés au nettoyage. En fait, certains d'entre eux remplissent déjà ces fonctions.

La marche

Il doit être plus facile de concevoir un robot avec deux jambes qu'un robot avec six ou huit jambes, n'est-ce pas? Eh bien, non. Créer un robot qui marche sur seulement deux jambes est extrêmement difficile. Réfléchis à la façon dont tu marches. Chaque fois que tu lèves la jambe pour faire un pas, tu transfères le poids de ton corps sur l'autre jambe. À chaque pas, le poids se transfère d'une jambe à l'autre. Un robot doit pouvoir faire la même chose.

Pour concevoir un robot capable de marcher, les roboticiens ont commencé par analyser l'anatomie humaine et observer la façon dont les muscles, les os et les articulations des membres travaillent ensemble. Puis, ils ont pris cette information et l'ont convertie en programme informatique.

Beaucoup de scientifiques ont concentré leurs recherches sur la motricité des robots. Ils ont dû en concevoir plusieurs pour trouver ceux qui sont les plus stables et les plus fonctionnels. Voici certaines de leurs merveilles, capables de marcher, de sautiller et de nager.

Uniroo

Uniroo (à droite) a été le premier robot capable de sauter comme un kangourou. Sa jambe est munie de trois articulations qui jouent les rôles de hanche, genou et cheville. Uniroo a également une petite queue.

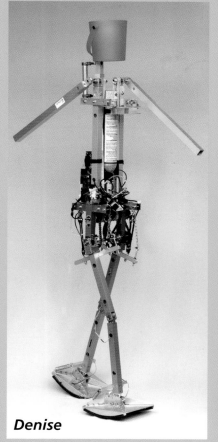

Denise

Denise

Denise (ci-dessus) a peut-être un seau en guise de tête, mais elle peut marcher comme un être humain. Ses bras qui se balancent, ses genoux souples et ses chevilles lui donnent une démarche quasi humaine.

Amphibot

C'est un robot, à la fois anguille et salamandre (ci-dessous). Il nage en « ondulant » en un mouvement de va-et-vient. Puis, quand il atteint le rivage, ses quatre jambes se mettent en marche.

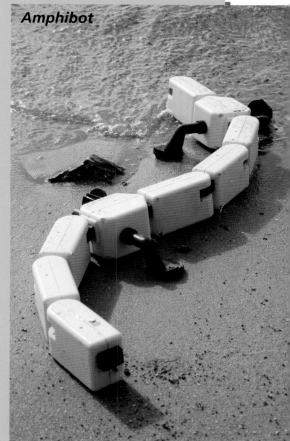

Amphibot

Uniroo

LA BELLE ET LE ROBOT

Regarde attentivement la jeune fille ci-dessous. Est-elle réelle ou est-ce un robot? Voici Repliee, un des robots ressemblant le plus à un être humain conçu à ce jour. À la différence d'ASIMO qui est un humanoïde (un robot dont l'apparence rappelle celle d'un être humain), Repliee est un androïde (un robot à l'image d'un être humain).

Une belle perruque, de beaux

Le professeur Ishiguro et son robot.

Le robot jumeau

Qui est le professeur Hiroshi Ishiguro et qui est son « jumeau », Geminoid? Le jumeau du professeur Ishiguro est un robot qui agit comme une marionnette très sophistiquée. Il peut contrôler Geminoid en utilisant un ordinateur et peut même le commander à distance. Geminoid reproduit les mouvements, la posture et les paroles du professeur Ishiguro. Ce dernier dit qu'il se pourrait qu'un jour il utilise Geminoid pour l'aider à remplir une partie de ses tâches en tant que professeur d'université. Les étudiants du professeur pourraient être surpris de voir Geminoid donner un cours à sa place!

Repliee

vêtements et une « peau » paraissant bien réelle (faite d'après un moule en silicone du visage d'une personne réelle), tout concourt à lui donner l'image d'un être humain. De plus, 42 dispositifs mécaniques, appelés actionneurs, reproduisent

une variété d'expressions faciales et d'autres mouvements du corps pour ajouter à l'illusion.

Conçu pour bouger la partie supérieure de son corps d'une manière naturelle, ce robot ne peut pas marcher, mais il est équipé de caméras, de microphones et d'autres capteurs qui lui permettent de détecter des humains près de lui et de parler avec eux.

Ses inventeurs croient que nous pouvons en apprendre beaucoup sur le comportement humain en fabriquant des robots comme Repliee. Dans la majorité des cas, Repliee ne sert que pour les démonstrations. Ce robot a joué le rôle d' « hôtesse » lors d'expositions de robotique, et ses concepteurs pensent qu'il pourrait remplir le rôle de guide de musée ou de porte-parole d'une compagnie.

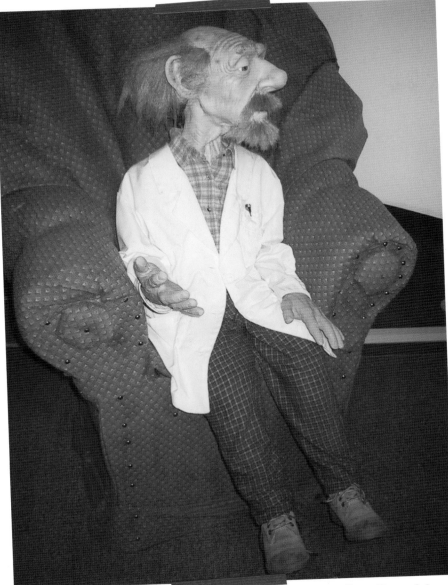

Mais Doc est différent de la plupart des personnages animatroniques. Il peut voir et entendre, comprendre des paroles et soutenir une conversation. Quand tu lui parles, il suit ton visage des yeux.

Les inventeurs de Doc s'intéressent à la façon dont les gens réagissent en présence de robots. Ils font tout ce qu'ils peuvent pour lui donner l'apparence la plus humaine possible. C'est un procédé très difficile puisque les êtres humains font toutes sortes de petits mouvements, tels que cligner des yeux et autres expressions, ce qui les rend… ma foi, plus humains.

Récemment, Doc a subi un remodelage du visage. Comme tu peux le voir, son visage fait de métal, de plastique et de faux poils, a été recouvert d'une mince peau de silicone. Ses créateurs tentent aussi de programmer ses mouvements pour lui donner une apparence plus naturelle.

Avec les progrès de la technologie, il sera peut-être difficile de distinguer le robot de l'humain.

Doc Beardsley

Quoi de neuf, Doc?

Horatio « Doc » Beardsley a l'apparence et le comportement d'un professeur distrait. Il amuse tous ceux qui l'écoutent raconter ses histoires (il proclame que ses parents sont gardiens de chèvres en Australie) et parler de ses inventions (comme le *foon*, un croisement entre une fourchette et une cuillère). Parfois même, il fait des rots et a le hoquet. Doc est un personnage animatronique inventé par des roboticiens de Pittsburgh en Pennsylvanie.

Les personnages animatroniques sont des automates d'apparence humaine capables de reproduire des mouvements programmés et des sons préenregistrés. Ils sont souvent utilisés dans des parcs thématiques ou des musées.

ROBOTS DOMESTIQUES

Trop fatigué pour tondre la pelouse, passer l'aspirateur dans le salon ou laver le plancher de la cuisine? Ne t'en fais pas, un robot peut le faire à ta place. Voici quelques façons dont les robots domestiques trouvent leur place dans nos maisons et nos jardins.

IRobot Roomba est un aspirateur qui se déplace dans la pièce grâce à des capteurs qui lui disent quand il est trop près d'un mur ou d'autres obstacles.

Ce robot-gardien contrôle une résidence pour détecter des mouvements et peut communiquer avec son propriétaire ou déclencher une alarme s'il détecte des intrus ou s'il sent de la fumée ou des odeurs de gaz. Quand son énergie diminue, il trouve son chargeur et se branche.

Laisse tomber ce robot dans la piscine et, avec son jet d'eau et son aspirateur, il élimine la saleté pendant que tu sirotes tranquillement un verre près de la piscine.

Les tondeuses à gazon robotisées tondent la pelouse sans déborder chez le voisin en restant dans une zone définie par un câble enterré autour des limites de la pelouse.

Le iRobot Scooba balaie, lave, frotte et sèche le plancher. Scooba, scoobi, dou!

Wakamaru aide à prendre soin des personnes âgées en leur faisant penser à prendre leurs médicaments. Ses « yeux » caméras peuvent également envoyer des images aux médecins ou aux membres de la famille. Wakamaru agit aussi comme gardien de sécurité et alerte ses propriétaires en cas d'intrusion.

BIENVENUE

Tous ces robots travaillent dans des endroits relativement plats. Il est plus difficile de concevoir des robots pour des espaces 3D. Cela prendra probablement beaucoup de temps avant que des robots puissent faire ton lit ou sortir la poubelle. Pour l'instant du moins, tu dois conserver ces tâches sur ta liste des choses à faire.

ROBOTS ET LOISIRS

Les robots ne travaillent pas tous dans les usines, les laboratoires, les zones de guerre ou dans l'espace. Certains font de la lutte, jouent au soccer et participent même à des courses de chameaux. Quelques-uns d'entre eux ont gagné des médailles aux « RoboGames », la version robotique des Jeux olympiques.

Les « RoboGames » sont l'événement de l'année pour les mordus de robotique. Les amateurs inscrivent les robots qu'ils ont créés dans plus de 70 compétitions, y compris la gymnastique (les robots font des sauts périlleux et la roue), la montée d'escaliers, la danse, le soccer et plus encore.

Le soccer est le sport robotique le plus populaire. Les équipes poursuivent une balle sur un « terrain » de la taille d'une table de ping-pong.

Il existe également une ligue de soccer de « robots à quatre pattes », où les équipes de chiens-robots s'affrontent.

Les compétitions de robots sont amusantes à regarder, mais elles ont aussi un côté sérieux. Le travail des passionnés de robotique aide à repousser les limites des robots. Les compétitions aident à développer de nouvelles technologies ainsi qu'à raffiner les capacités des futurs roboticiens.

Beaucoup de jeunes construisent leur premier robot à l'aide de la trousse robotique LEGO Mindstorms. Des compétitions aux « RoboGames » et des ligues LEGO offrent à ces jeunes passionnés une chance de présenter leurs créations.

Les robots-jockeys

Au Qatar et dans les Émirats arabes unis, les robots rendent la vie des enfants plus sécuritaire.

Dans ces pays, des enfants d'à peine quatre ans ont été kidnappés ou vendus par leur famille en raison de leur légèreté pour servir de jockeys lors de courses de chameaux.

Voici Kamel, le robot qui joue le rôle de jockey à la place des enfants.

Tu cherches un animal de compagnie qui n'a pas besoin d'être nourri, soigné ou promené? Essaie un robot-animal de compagnie.

Fais la connaissance de Pleo

Pleo ressemble à un Camarasaurus (un dinosaure de la période jurassique) âgé d'une semaine, mais la ressemblance s'arrête là.

Le Camarasaurus Pleo utilise 38 capteurs pour détecter lumière, mouvement, toucher ou son. Il est muni de deux microprocesseurs capables d'effectuer 60 millions de calculs à la seconde.

En traitant l'information reçue par ses capteurs, Pleo peut répondre de plusieurs façons. Un léger capteur situé dans son nez lui indique s'il est dans la lumière ou dans l'obscurité. S'il fait sombre et si Pleo pense qu'il est l'heure d'aller se coucher, il peut se mettre en boule et s'endormir. Des capteurs situés dans sa tête, son dos et ses pattes lui permettent de détecter un toucher. Il peut tourner la tête pour voir qui lui gratte le dos.

À force d'interagir, il change de comportement. Comme un véritable animal de compagnie, il apprend à se comporter différemment quand il reçoit une récompense. Traite-le gentiment et tu auras un compagnon calme et plaisant. Mais si tu le négliges, ce sera à tes risques et périls. En effet, lorsqu'il est ignoré, Pleo boude.

Pleo

Robopanda

Robopanda

Robopanda est un ami en plastique unique en son genre. C'est un ami-robot qui raconte des histoires, joue à des jeux, chante des chansons et conte même une blague ou deux.

En mode « formation », Robopanda apprend à son propriétaire comment jouer avec lui. Par exemple, il peut t'initier à « Touche ma tête pour jouer ». Dès qu'il te connaît mieux, il peut t'accueillir par un « Veux-tu jouer? » lorsque tu entres dans la pièce.

Robopanda peut marcher à quatre pattes, puis se remettre en position assise. Si tu n'es pas là pour jouer avec lui, il a son propre ami, un panda en peluche. Robopanda joue avec son compagnon, parle avec lui et le cajole.

NeCoRo

La thérapie par les animaux

Les chats, les chiens et d'autres animaux de compagnie sont souvent utilisés pour réconforter les personnes malades ou déprimées. Mais souvent, les animaux ne sont pas admis dans les hôpitaux, les écoles et les maisons de retraite. Les robots-compagnons peuvent combler le désir d'avoir un compagnon à poils.

NeCoRo, un robot-chat câlin, est équipé de capteurs tactiles dans son dos, son menton et sa tête. Quand on le prend dans les bras et qu'on le caresse, il répond en ronronnant. NeCoRo ne peut pas se déplacer, mais il peut s'asseoir, s'étendre et bouger la queue.

Paro ressemble à un bébé phoque et, de loin, il est difficile de dire s'il est vrai ou non. Paro est sensible au toucher, à la lumière, aux sons et à la température. Quand il est attaqué, il bouge la tête et les pattes, cligne des yeux et émet des sortes de petits roucoulements. Il peut aussi reconnaître son nom et la voix de certaines personnes.

Deux Paro se cajolent

ROBOTS DU FUTUR

Stanley

Voici un défi pour toi. Conçois une voiture capable de filer à 210 km dans le désert de Mojave, de rouler dans des nids de poule, de traverser des lits de rivières asséchées en contournant des rochers et d'autres obstacles. Oh! mais il y a autre chose : aucun pilote n'est permis.

En 2004, 15 équipes de roboticiens passionnés ont accepté de relever le défi et ont créé des véhicules autonomes (sans pilote), équipés de toute une série de caméras, de lasers et de capteurs, d'un système de positionnement global (Global Positioning System) et de logiciels. Pas un seul de ces véhicules automatisés n'a terminé la course. Ils ont tous été accidentés, brûlés ou sont tombés en panne.

Mais, une année plus tard, un VUS bleu de Volkswagen, appelé Stanley (voir page 36) termina la course en 6 heures 54 minutes, avec, sur les talons… euh! pardon, les roues, quatre autres véhicules qui ont, eux aussi, franchi la ligne d'arrivée. En un an seulement, les ajustements apportés à la conception du véhicule, à ses capteurs et l'amélioration de ses programmes informatiques ont permis de relever le défi avec succès.

Les choses évoluent très rapidement dans le domaine de la robotique. Les nouvelles technologies et les innovations, telles que des puces informatiques plus petites, plus rapides et moins chères ou l'amélioration des capteurs et des articulations repoussent les frontières de la robotique.

Stanley doit son succès à son programme informatique qui « pilote » la voiture. Au lieu d'écrire un programme avec de longues instructions, les concepteurs de Stanley ont utilisé un « système d'apprentissage ». Au cours des semaines précédant la course, un pilote a pris place dans la Stanley et l'a pilotée. Un ordinateur a observé la conduite et « a ainsi appris » à conduire.

Des ordinateurs qui apprennent? Des robots doués d'intelligence? Un des débats les plus animés parmi les roboticiens est de savoir quel est ou quel sera le niveau d'intelligence des robots. Sont-ils seulement aussi intelligents que les humains qui les ont créés… ou pourraient-ils devenir plus intelligents?

Quel est le niveau d'intelligence d'un robot?

Le 11 mai 1997, un ordinateur du nom de Deep Blue obligea le champion du monde d'échecs, Garry Kasparov, à se retirer d'une partie qu'il savait perdue d'avance. L'ordinateur a gagné.

Deep Blue était « intelligent » — après tout, il pouvait considérer 400 millions de déplacements de pièces par seconde. Mais Deep Blue était-il vraiment intelligent? Bien qu'il soit capable de disputer une partie d'échecs, il ne pouvait ni jouer aux cartes ni répondre à une question aussi simple que « le ciel est-il bleu? ».

Les robots sont programmés pour remplir une tâche spécifique ou une série de tâches. Pour cela, un roboticien écrit un programme informatique. La majorité des robots d'aujourd'hui ne font qu'imiter l'intelligence en suivant ce programme ou les autres données enregistrées. Mais beaucoup de roboticiens croient que nous devons envisager l'intelligence robotique différemment. C'est pourquoi ils analysent le fonctionnement du cerveau humain pour trouver des idées.

MéTal InTelligent

Les gens imaginent souvent les robots comme ceux qui apparaissent dans les dessins animés, c'est-à-dire comme des aides-ménagers bouffons, déambulant dans la maison pour faire les tâches ménagères. Un tel robot est encore loin de voir le jour, mais Domo s'en approche.

Domo

Ce robot a été conçu pour interagir avec les êtres humains et plus spécialement avec les personnes âgées ou les personnes qui se déplacent en fauteuil roulant.

Domo est un robot aide-ménager qui peut seconder les êtres humains dans les tâches ménagères telles que ranger la vaisselle. Jusqu'à présent, cette tâche, si simple pour un être humain, ne pouvait être exécutée par un robot. Les roboticiens auraient dû penser à tous les ustensiles qui peuvent se trouver dans une cuisine et programmer le robot pour qu'il puisse saisir et ranger chacun d'eux. Cela aurait pris beaucoup de temps au roboticien et au robot, qui aurait dû passer en revue toutes les options disponibles dans sa base de données avant d'entreprendre chaque action. Et le robot n'aurait pu compter que sur les données programmées dans son cerveau informatique par un humain. Si un nouvel article était ajouté, le robot n'aurait pas pu intervenir.

Les inventeurs de Domo ont tenté quelque chose de nouveau. En plus de l'équiper d'un programme lui donnant des instructions pour reconnaître et saisir les ustensiles de cuisine, ils l'ont aussi doté de « cellules nerveuses » non programmées et d'un corps criblé de capteurs sensibles au toucher. Si on

Sans cerveau

Les robots BEAM ne comptent pas sur un cerveau informatique. Ils utilisent plutôt de simples capteurs et circuits (un peu comme les circuits dans une radio) pour remplir des tâches comme se diriger vers une lumière ou éviter des obstacles.

Comme ces robots sont fabriqués avec des pièces de base et n'ont pas de programme informatique compliqué, ce sont des robots très populaires auprès des amateurs et des bricoleurs en herbe. Les robots BEAM sont souvent alimentés par l'énergie solaire.

présente au robot un objet qu'il ne connaît pas, par exemple une nouvelle spatule, les capteurs fournissent l'information au réseau de « nerfs » du robot. Le robot emmagasine l'information de façon à interagir adéquatement la prochaine fois. Au fil du temps, le robot continue à ajouter de nouvelles informations à sa base de données, mais il tient compte aussi de ce qu'il a retenu de ses expériences précédentes, un peu comme le font les êtres humains. Domo est un robot qui peut apprendre.

Les robots intelligents comme Domo élargissent notre vision sur la façon dont les êtres humains et les robots pourraient un jour vivre et travailler ensemble.

JE VOUS PRÉSENTE...

Cynthia Breazeal entre dans son laboratoire et trouve son robot, Kismet, endormi sur son bureau. Elle s'assoit devant Kismet, fait un signe de la main pour le saluer et bouge lentement la tête dans un mouvement de va-et-vient. Le robot semble se réveiller. Kismet ouvre ses grands yeux bleus et lève ses oreilles roses. Bientôt, Kismet paraît excité et affiche un grand sourire. Il est difficile de ne pas sourire aussi en voyant la scientifique et le robot interagir comme une mère et son enfant.

C'est exactement le genre d'interaction que Cynthia Breazeal veut reproduire. Elle se voit dans le rôle de parent, tandis que Kismet est un enfant. Tout comme un bébé, Kismet apprend en échangeant avec elle. Par exemple, il a appris à interpréter le langage corporel et les autres indices qui indiquent l'humeur de quelqu'un. Kismet utilise une série de capteurs et 16 petits ordinateurs qui travaillent ensemble pour apprendre. À mesure qu'il « grandit », Kismet peut mettre à profit ses habiletés et l'information précédemment acquise.

Cynthia Breazeal a volontairement donné à Kismet un visage attirant, avec des sourcils duveteux, de grands yeux, des oreilles qui peuvent bouger et des lèvres métalliques rouges. Elle pense que les gens veulent interagir avec quelque chose qui ressemble à un humain. De plus, les êtres humains savent lire les émotions sur le visage d'un humain ou de quelque chose qui ressemble à un humain. De par leur expérience, les humains savent quand une autre personne est joyeuse, triste, en colère ou si elle s'ennuie.

Cynthia Breazeal et Kismet réagissent l'un par rapport à l'autre. Quand Kismet montre qu'il s'ennuie, Cynthia peut jouer

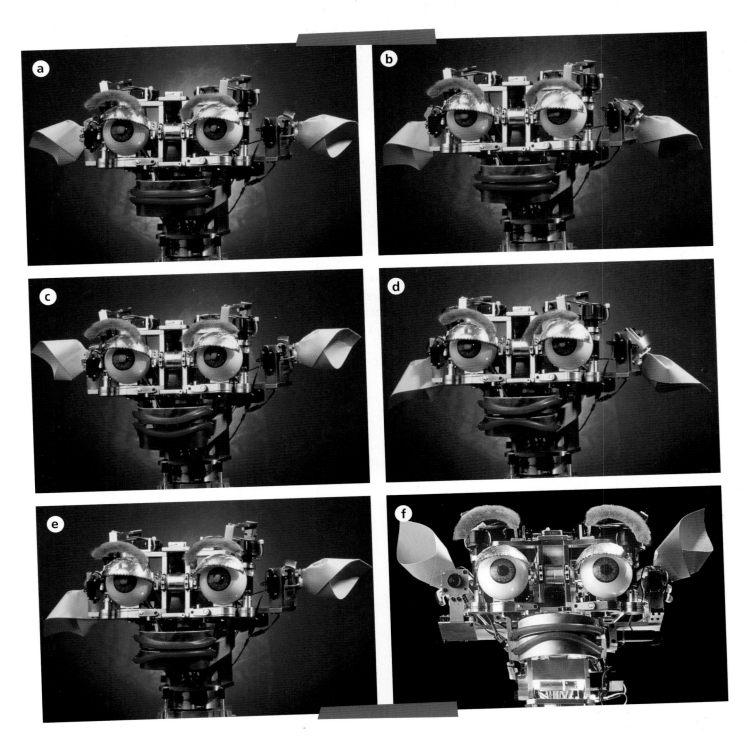

avec le robot en agitant une peluche devant son visage. En retour, Kismet réagit en se relevant, en souriant et en paraissant excité. Mais si elle en fait trop et agite le jouet trop vite, trop près ou trop longtemps, Kismet répond en paraissant irrité ou même effrayé.

Cynthia Breazeal a conçu Kismet pour analyser la façon dont les humains et les robots humanoïdes interagissent au fil du temps. Au début, Kismet était presque sans défense, comme un nouveau-né. Mais, au fur et à mesure qu'elle travaillait avec le robot, il a acquis de nouvelles habiletés qu'il a, petit à petit, ajouté à sa base de données, comme le fait un véritable bébé.

Le visage de Kismet est très expressif et exprime toute une gamme d'émotions. En partant de la photo en haut à gauche, les émotions montrées sont les suivantes :
a) calme, b) fatigué, c) joyeux, d) en colère, e) dégoûté et f) apeuré.

COLONIE DE ROBOTS

De nos jours, les robots les plus doués sont à peu près aussi intelligents que des fourmis, mais les vraies fourmis sont loin d'être stupides. Les fourmis sont des insectes industrieux, qui s'activent beaucoup et travaillent en équipes. Quelques roboticiens ont été inspirés par le concept d'équipe et ont créé des petits robots qui se partagent l'information et travaillent ensemble.

Dans le futur, les colonies de robots pourront être utilisées dans les zones dangereuses ou dans des endroits trop vastes pour un seul robot, comme Mars qui est une planète à la fois vaste et dangereuse. Des douzaines de robots pourraient se déployer sur la surface de Mars. Au cours de leur exploration, ils pourraient communiquer entre eux, partager leurs données et les utiliser pour prendre des décisions de groupe. Et il y a un autre bénéfice : plus de robots signifie que plus de données pourraient être recueillies et transmises à la Terre.

Cette équipe de 100 Centibots surveille le couloir d'un immeuble. Tout en se déplaçant, les robots recueillent de l'information et la partagent entre eux et avec un centre de commande. Un jour, de telles équipes de robots pourraient explorer et dresser la carte des zones dangereuses, telles que des immeubles emplis de fumée ou de gaz. Les équipes pourraient avoir différentes aptitudes. Par exemple, les robots de la première équipe pourraient être programmés pour dresser la carte de la zone de danger, chaque robot s'occupant d'une section précise. Les robots de la deuxième équipe pourraient utiliser cette carte pour explorer la zone et transmettre l'information à une équipe d'êtres humains, située à l'extérieur de la zone dangereuse.

UN ROBOT QUI TIENT DANS LA MAIN

En 1992, James McLurkin construisit un des plus petits robots au monde. Répondant au nom de Goliath, il tient dans la paume de la main de

McLurkin et il reste encore beaucoup de place.

McLurkin aimerait pouvoir utiliser des colonies de robots minuscules pour effectuer des tâches importantes. Pour avoir des idées, il a analysé des colonies de fourmis.

Les robots de Mc Lurkin sont simples, petits et n'ont pas beaucoup de mémoire informatique. Leur comportement n'est pas contrôlé par un être humain. Au lieu de cela, les robots communiquent entre eux et partagent l'information pour effectuer leur travail.

Les recherches de McLurkin en sont encore au stade expérimental, mais il peut déjà amener ses colonies de robots à remplir toute une variété de tâches, telles que se suivre, se regrouper, encercler, louvoyer et jouer de la musique. Il appartient aux robots de s'organiser pour effectuer leurs tâches en équipe.

Des personnes ou des animaux avec des parties robotiques? On les appelle des cyborgs, contraction de « organismes cybernétiques », ce qui signifie qu'ils sont un mélange de naturel et d'artificiel. Les créateurs de cyborgs croient qu'en intégrant de la technologie à des organismes vivants, ils peuvent leur donner de plus grandes habiletés.

Les cyborgs peuvent sembler futuristes, mais, si c'est le cas, le futur est déjà bien présent. En effet, les scientifiques ont déjà commencé à ajouter des parties robotiques aux choses vivantes.

Les robots cafards

Au cours d'une expérience, des scientifiques japonais ont doté des cafards de parties robotiques en remplaçant leurs antennes par des électrodes. Ils ont également attaché sur leur dos un sac contenant une caméra et un microphone.

Les scientifiques peuvent commander à distance les électrodes qui contrôlent les mouvements des cafards, les transformant ainsi en minuscules robots vivants. Ils pensent que les robots-cafards pourraient être utilisés pour effectuer des recherches à travers les décombres d'immeubles qui se sont effondrés, mais les cafards peuvent aussi remplir le rôle d'excellents espions furtifs et effrayants.

Les robots rats

Lors d'une autre expérience qui s'est déroulée aux États-Unis, des électrodes ont été implantées dans le cerveau de cinq rats pour que les humains puissent commander les mouvements des rats.

Le scientifique commande le rat à distance pour le faire courir, tourner, sauter et grimper.

Les robots rats pourraient-ils être utilisés lors de sinistres pour retrouver des personnes ensevelies sous les décombres? Peut-être. Mais le fait d'utiliser des animaux vivants pour de telles expériences est très controversé et certains disent même que c'est contraire à l'éthique.

Des robots cafards et des robots rats? Quelle sera la prochaine étape? Des robots humains? Lis ce qui suit…

DES ROBOTS CAFARDS?

DES ROBOTS RATS?

APPELEZ ROBO-EXTERMINATEUR!

Kevin Warwick

Un cyborg nommé Kevin

Jusqu'à quel point les humains et les robots se rapprocheront-ils? Et si les personnes étaient en partie des robots? Le scientifique anglais, Kevin Warwick, essaie de mettre cette idée en œuvre.

En 1988, une puce en silicone a été implantée dans son bras. Durant plusieurs mois, les ordinateurs installés dans l'immeuble de bureaux de Warwick ont contrôlé ses mouvements et la puce a transmis des signaux qui ouvraient automatiquement les portes, allumaient la lumière, les ordinateurs et autres équipements électroniques.

En 2002, un second implant, plus complexe, a été relié directement aux nerfs du bras gauche de Warwick. Ce dispositif envoyait des signaux de son système nerveux vers un ordinateur. Les données provenant de cette expérience ont été utilisées pour concevoir un bras robotique.

Warwick se considère comme un cyborg. Ses idées en sont encore au stade expérimental, mais il envisage la façon dont les robots pourraient devenir plus que des robots domestiques ou des ouvriers d'usine. Dans le futur, les humains deviendront-ils plus robotisés ou les robots deviendront-ils plus humains? Les robots peuvent-ils rendre les humains « meilleurs » et nous permettre de faire des choses dont nous sommes normalement incapables? Restez à l'affût des dernières découvertes!

Vraiment génial

Si tu penses que fusionner des humains et des robots est effrayant, tu vas être étonné. Ajouter ou implanter des parties mécaniques dans des corps humains peut être vraiment génial. C'est aussi très courant. Des stimulateurs cardiaques sont implantés dans les poitrines pour réguler le rythme cardiaque. Ils surveillent les signaux électriques naturels du cœur et, si nécessaire, envoient des impulsions qui corrigent le rythme cardiaque.

La pose d'implants cochléaires dans les oreilles améliore l'audition. Un microphone situé à l'intérieur des implants augmente le niveau sonore des bruits provenant de l'extérieur. Ces bruits sont alors transformés en impulsions électriques qui sont envoyées au cerveau.

Et les prothèses (membres artificiels) comme le bras bionique de Claudia Mitchell (voir page 21) aident les amputés à retrouver les habiletés qu'ils avaient perdues.

Sont-ils pour cela des cyborgs? Peut-être. Mais, si c'est le cas, c'est une bonne chose. Leurs parties robotiques ne leur ont peut-être pas donné des capacités bioniques ou surhumaines, mais elles les ont aidés à retrouver un niveau appréciable de fonctionnement de leurs oreilles, leur cœur ou leurs membres.

À l'AVENIR

Dans les années 1970, il n'y avait ni ordinateurs portables, ni lecteurs portatifs de musique numérique (iPods), ni terminaux mobiles de poche (Blackberry). Les ordinateurs étaient gros et encombrants et certainement pas quelque chose que chacun avait chez soi. Peu de personnes s'imaginaient avoir besoin d'un ordinateur. À quoi leur aurait-il servi?

Avançons rapidement jusqu'à nos jours où les ordinateurs sont régulièrement utilisés dans la plupart des foyers et dans tous les lieux de travail. Peux-tu imaginer un monde sans ordinateurs ou sans Internet?

L'invention de langages communs de programmation et de composants électroniques plus petits, plus rapides et moins onéreux a rapidement changé la façon dont nous communiquons les uns avec les autres et dont nous vivons notre quotidien. Nous vivons à l'ère des ordinateurs.

De nos jours, dans des centaines de laboratoires du monde entier ainsi que dans de nombreux foyers et écoles, les gens bricolent des robots. Certains fabriquent leurs propres robots uniquement pour le plaisir alors que d'autres tentent d'améliorer les capteurs robotiques ou envisagent de nouvelles façons pour que les robots

tirent parti de leurs expériences. Bien sûr, à cet instant précis, un grand nombre d'entre nous se demandent pourquoi nous aurions besoin d'un robot. Cela semble très amusant et ce serait bien agréable d'avoir un robot qui se chargerait des tâches fastidieuses, mais sont-ils vraiment indispensables?

Cette façon de penser te semble familière? Peut-être réagissons-nous aujourd'hui à l'égard des robots tel que nous le faisions dans les années 1970 à l'égard des ordinateurs — devant quelque chose qui nous dépasse. L'ère de la robotique est-elle à nos portes?

GLOSSAIRE

3D (Trois dimensions) : Présentation en relief des images.

anatomie : Structure des êtres humains et des animaux et leurs organes.

androïdes : Robots construits à l'image d'un être humain.

base de données : Ensemble de données organisé et stocké dans un ordinateur.

capteurs : Appareils qui peuvent détecter différentes choses, telles que la chaleur, la lumière, les sons ou la présence de certains gaz.

circuit : Ensemble de conducteurs et de boucles qui autorisent le passage du courant électrique.

cyborgs : Organismes cybernétiques. Animaux et êtres humains dotés de parties robotiques.

humanoïdes : Robots dont l'apparence générale rappellent celle d'un corps humain.

laser : Appareil qui produit des faisceaux lumineux très concentrés.

microbes : Organismes microscopiques qui ne peuvent être observés qu'à l'aide d'un microscope.

personnages animatroniques : Automates d'apparence humaine capables de reproduire des mouvements programmés et des sons préenregistrés. Souvent utilisés dans des parcs thématiques ou des musées.

programme : Liste d'instructions indiquant à un ordinateur ce qu'il doit faire.

prothèses : Dispositifs artificiels destinés à remplacer une partie du corps, généralement un bras ou une jambe.

radiation : Énergie transmise sous forme d'ondes ou de particules. La surexposition aux radiations peut être dangereuse pour les êtres vivants.

robots : Machines qui sont programmées pour effectuer une tâche et qui peuvent être reprogrammées pour effectuer une tâche différente.

roboticiens : Personnes qui conçoivent et/ou fabriquent des robots.

sous-marins : Navires capables de se déplacer sous l'eau.

télécommandé : Commandé à distance.

télérobots : Robots commandés à distance par les humains.

véhicules sous-marins autonomes (AUVs) : Robots qui peuvent naviguer sous l'eau en toute autonomie et sont commandés par des capteurs et des ordinateurs qui se trouvent à bord.

véhicules télécommandés (ROVs) : Véhicules, tels que sous-marins ou voitures, commandés à distance.

RÉPONSES

Un robot peut-il le faire? (page 9)

Bien que tous les robots ne soient pas capables de faire toutes ces choses, il existe des robots qui peuvent : jouer aux échecs, jouer du piano, se servir d'un pinceau, danser, faire un saut périlleux et donner un coup de pied dans un ballon de soccer.

INDEX